Impressum
Verlag: BABADADA GmbH, Nedderfeld 112 , 22529 Hamburg
Geschäftsführer / Verlagsleitung: Harald Hof
Druck: Books on Demand GmbH, In de Tarpen 42, 22848 Norderstedt

Imprint
Publisher: BABADADA GmbH, Nedderfeld 112 , 22529 Hamburg, Germany
Managing Director / Publishing direction: Harald Hof
Print: Books on Demand GmbH, In de Tarpen 42, 22848 Norderstedt

škola

school

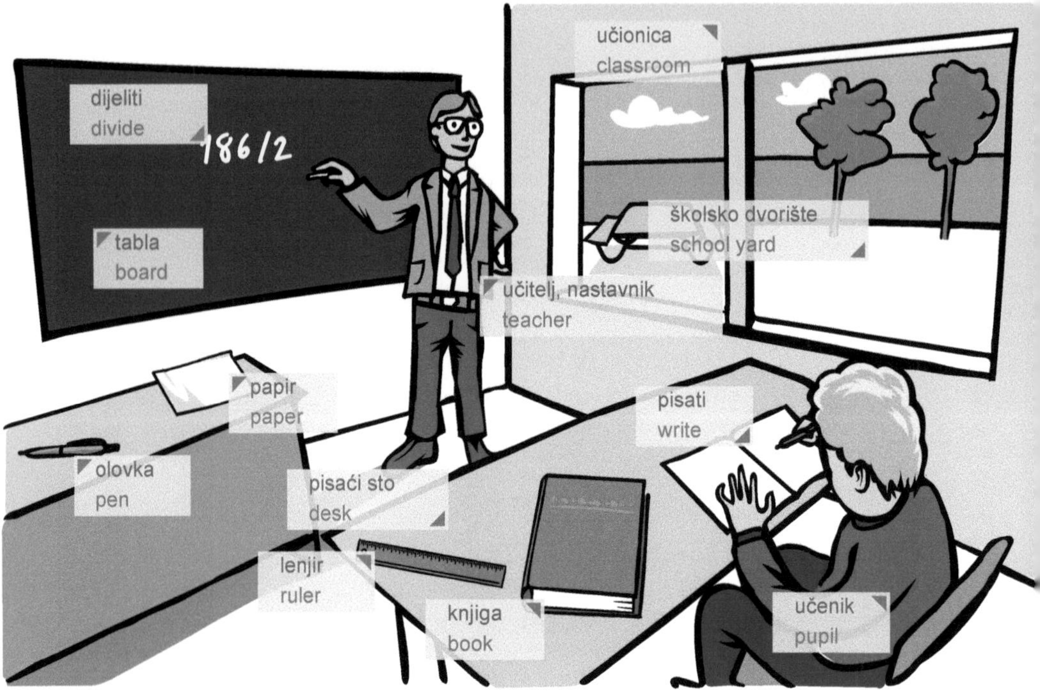

učionica
classroom
dijeliti
divide
186/2
tabla
board
školsko dvorište
school yard
učitelj, nastavnik
teacher
papir
paper
pisati
write
olovka
pen
pisaći sto
desk
lenjir
ruler
knjiga
book
učenik
pupil

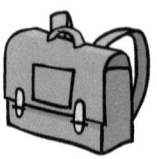

torba

satchel

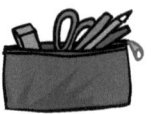

pernica

pencil case

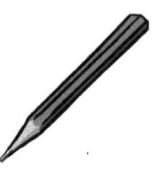

drvena olovka

pencil

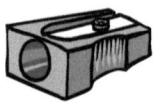

šiljalo za olovke

pencil sharpener

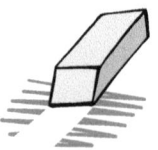

gumica

rubber

blok za crtanje

drawing pad

crtež

drawing

kist

paintbrush

kutija s bojama

paint box

makaze

scissors

ljepilo

glue

vježbanka

exercise book

domaća zadaća

homework

broj

number

sabirati

add

oduzimati

subtract

množiti

multiply

računati

calculate

slovo

letter

abeceda

alphabet

riječ

word

tekst

text

čitati

read

kreda

chalk

sat

lesson

školski dnevnik

register

ispit

exam

svjedočanstvo

certificate

školska uniforma

school uniform

izobrazba

education

leksikon

encyclopedia

univerzitet

university

mikroskop

microscope

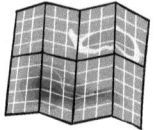

karta

map

korpa za papir

waste-paper basket

putovanje
travel

hotel
hotel
Grand
hostel
hostel
ROOMS
EXCHANGE
mjenjačnica
bureau de change
kofer
suitcase
auto
car

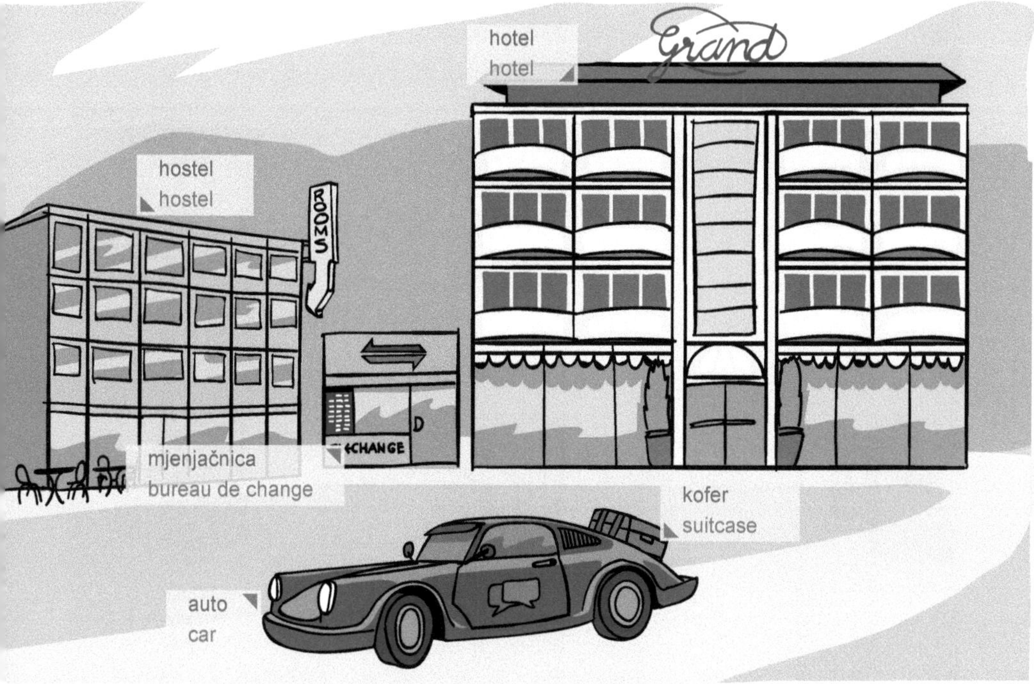

jezik

language

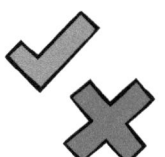

da / ne

yes / no

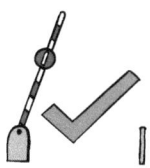

okej

Okay

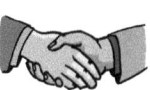

zdravo

hello

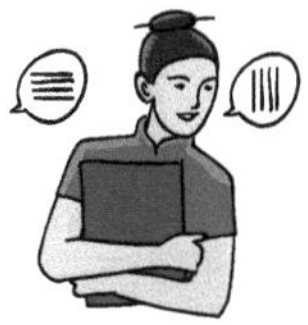

tumač

translator

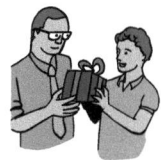

hvala

Thank you

Koliko košta...?

how much is...?

Ne razumijem

I do not understand

problem

problem

dobro veče!

Good evening!

Dobro jutro!

Good morning!

Laku noć!

Good night!

doviđenja

bye bye

smjer

direction

prtljag

luggage

torba

bag

ruksak

backpack

gost

guest

soba

room

vreća za spavanje

sleeping bag

šator

tent

turističke informacije

tourist information

plaža

beach

kreditna kartica

credit card

doručak

breakfast

ručak

lunch

večera

dinner

putna karta

ticket

lift

lift

poštanska markica

stamp

granica

border

carina

customs

ambasada

embassy

viza

visa

pasoš

passport

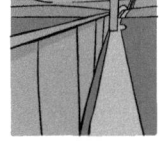

transport
transport

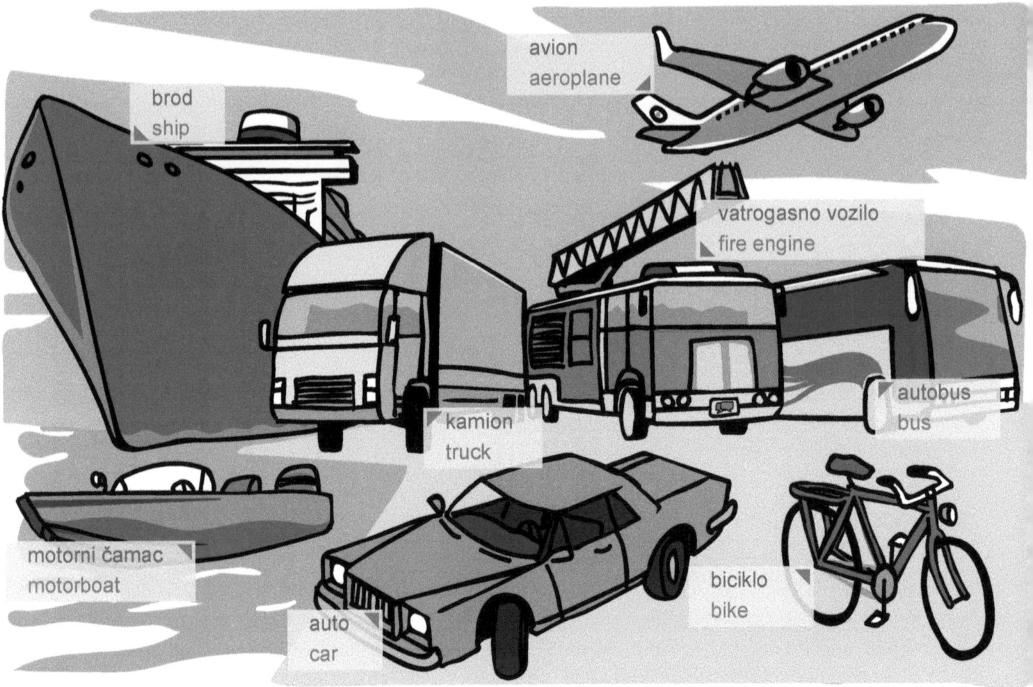

avion
aeroplane
brod
ship
vatrogasno vozilo
fire engine
autobus
bus
kamion
truck
motorni čamac
motorboat
biciklo
bike
auto
car

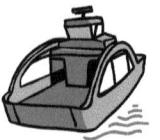

trajekt

ferry

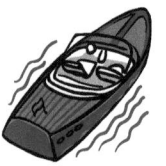

brod

boat

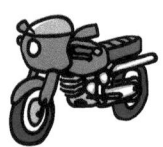

motocikl

motorbike

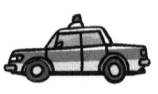

policijski automobil

police car

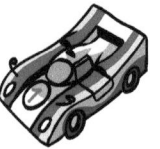

trkaći automobil

racing car

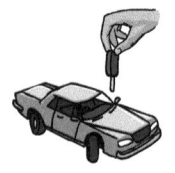

unajmljeni automobil

rental car

kar-šering

car sharing

pauk

breakdown truck

smećarsko vozilo

refuse truck

motor

motor

gorivo

fuel

benzinska pumpa

petrol station

saobraćajni znak

traffic sign

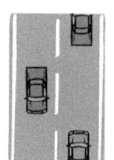

saobraćaj

traffic

zastoj

traffic jam

parking

car park

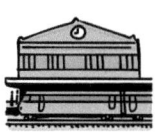

željeznička stanica

train station

šine

tracks

voz

train

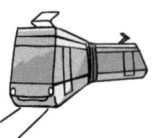

tramvaj

tram

vagon

carriage

helikopter

helicopter

aerodrom

airport

toranj

tower

putnik

passenger

kontejner

container

karton

carton

tačke

cart

korpa

basket

poletjeti / sletjeti

take off / land

grad

city

selo

village

centar grada

city centre

kuća

house

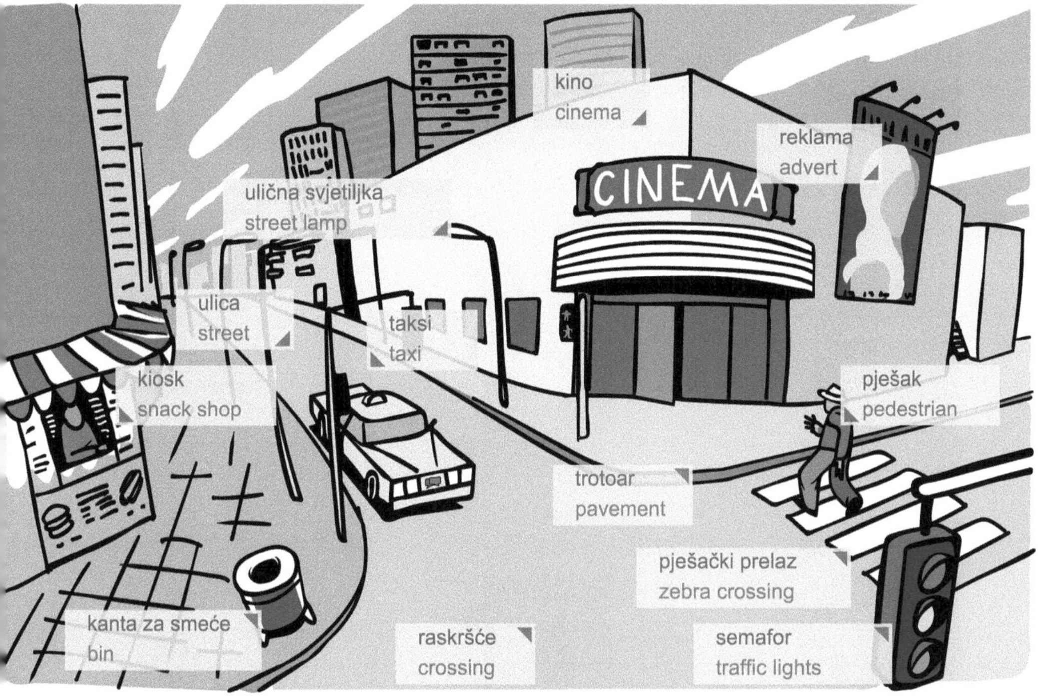
kino
cinema
reklama
advert
CINEMA
ulična svjetiljka
street lamp
ulica
street
taksi
taxi
kiosk
snack shop
pješak
pedestrian
trotoar
pavement
pješački prelaz
zebra crossing
kanta za smeće
bin
raskršće
crossing
semafor
traffic lights

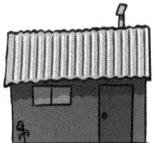

koliba

hut

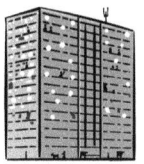

stan

flat

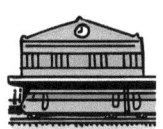

željeznička stanica

train station

vjećnica

town hall

MUSEUM

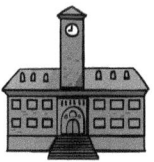

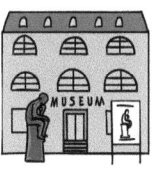

muzej

museum

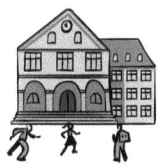

škola

school

univerzitet

university

banka

bank

bolnica

hospital

hotel

hotel

apoteka

pharmacy

ured

office

knjižara

book shop

radnja

shop

cvjećara

florist's

supermarket

supermarket

pijaca

market

robna kuća

department store

prodavač ribe

fishmonger's

trgovački centar

shopping centre

luka

harbour

park

park

klupa

bench

most

bridge

stepenice

stairs

podzemna željeznica

underground

tunel

tunnel

autobuska stanica

bus stop

bar

bar

restoran

restaurant

poštanski sandučić

postbox

saobraćajni znak

street sign

sat za naplatu parkinga

parking meter

zološki vrt

zoo

bazen

swimming pool

džamija

mosque

seosko imanje
farm

zagađenje okoline
pollution

groblje
graveyard

crkva
church

igralište
playground

hram
temple

krajolik
landscape

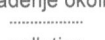

list
leaf

putokaz
signpost

putokaz
way

livada
meadow

kamen
stone

drvo
tree

putnik
hiker

rijeka
river

trava
grass

cvijet
flower

dolina

valley

brdo

hill

jezero

lake

šuma

forest

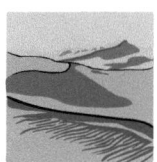

pustinja

desert

vulkan

volcano

dvorac

castle

duga

rainbow

gljiva

mushroom

palma

palm tree

komarac

mosquito

muha

fly

mrav

ant

pčela

bee

pauk

spider

buba

beetle

žaba

frog

vjeverica

squirrel

jež

hedgehog

zec

hare

sova

owl

ptica

bird

labud

swan

divlja svinja

boar

jelen

deer

los

moose

brana

dam

vjetrenjača

wind turbine

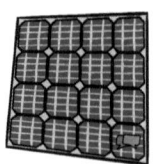

solarni modul

solar panel

klima

climate

restoran

restaurant

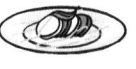

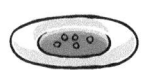

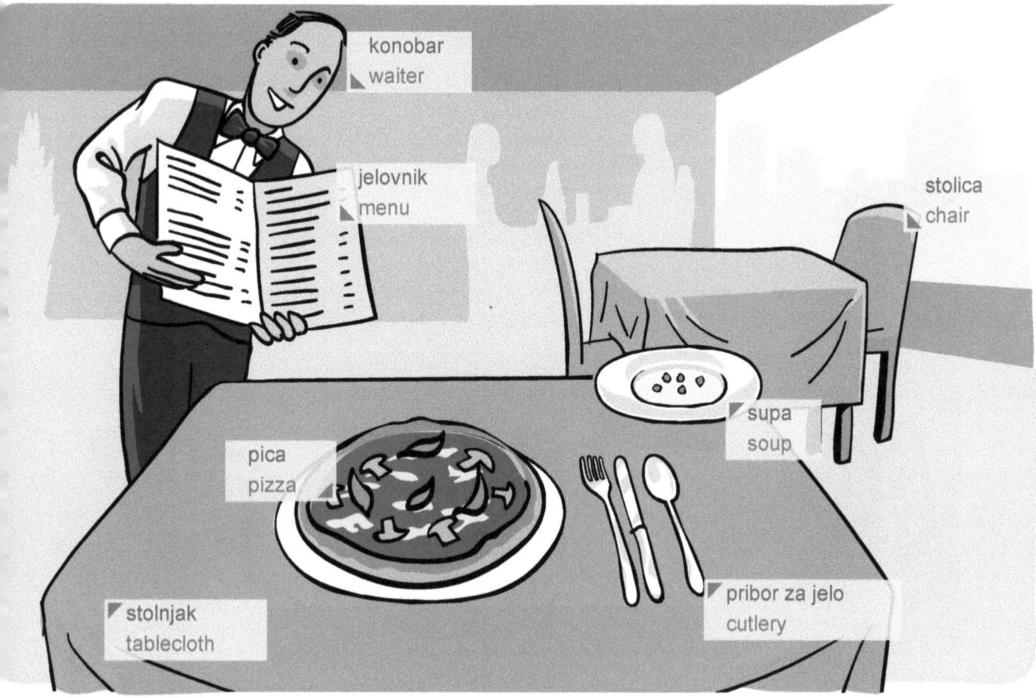
konobar
waiter
jelovnik
menu
stolica
chair
supa
soup
pica
pizza
stolnjak
tablecloth
pribor za jelo
cutlery

predjelo

starter

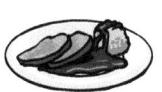

glavno jelo

main course

desert

dessert

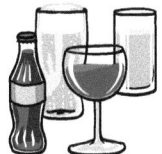

piće

drinks

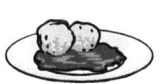

jelo

food

flaša

bottle

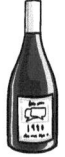

brza hrana

fast food

jelo sa ulice

street food

čajnik

teapot

šećernica

sugar bowl

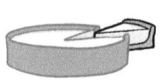

porcija

portion

mašina za espreso

espresso machine

barska stolica

high chair

račun

bill

tacna

tray

nož

knife

viljuška

fork

kašika

spoon

kašičica

teaspoon

salveta

serviette

čaša

glass

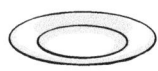

tanjir

plate

tanjir za supu

soup plate

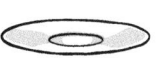

tanjurić

saucer

sos

sauce

solanik

salt pot

mlin za biber

pepper mill

sirće

vinegar

ulje

oil

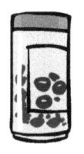

začini

spices

kečap

ketchup

senf

mustard

majoneza

mayonnaise

supermarket
supermarket

ponuda
special offer
FOR
klijent
customer
mliječni proizvodi
dairy
voće
fruit
kolica za kupovinu
trolley

BUTCHERS

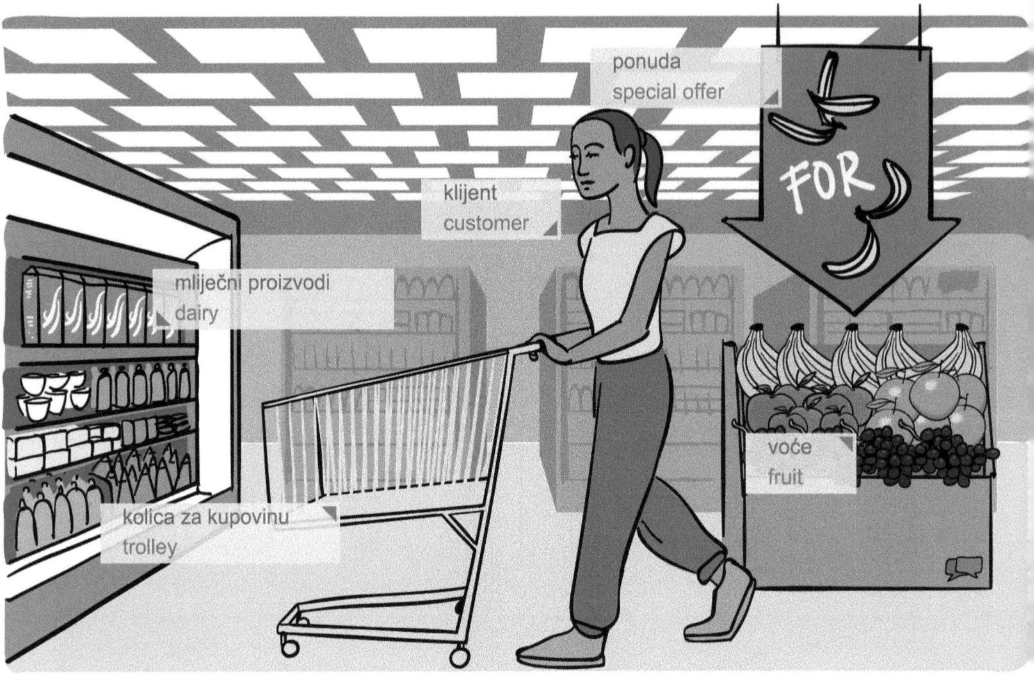

mesnica- klaonica

butcher´s

BAKERY

pekara

baker´s

vagati

weigh

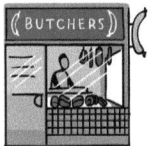

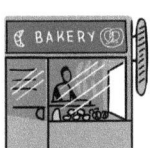

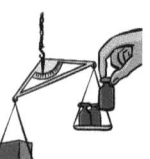

povrće

vegetables

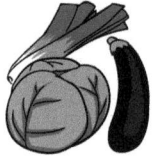

meso

meat

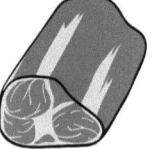

zaleđena hrana

frozen food

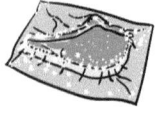

narezak

cold meat

konzerve

tinned food

prašak za veš

washing powder

slatkiši

sweets

kućanski proizvodi

household products

sredstvo za čišćenje

cleaning products

prodavačica

salesperson

kasa

till

blagajnik

cashier

lista za kupovinu

shopping list

radno vrijeme

opening hours

novčanik

wallet

kreditna kartica

credit card

torba

bag

najlonska vrećica

plastic bag

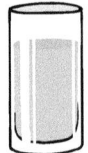

voda

water

sok

juice

mlijeko

milk

kola

coke

vino

wine

pivo

beer

alkohol

alcohol

kakao

cocoa

čaj

tea

kafa

coffee

espreso

espresso

kapućino

cappuccino

banana

banana

jabuka

apple

narandža

orange

lubenica

melon

limun

lemon

mrkva

carrot

bijeli luk

garlic

bambus

bamboo

crveni luk

onion

gljiva

mushroom

orašasti plodovi

nuts

pasta

noodles

špagete

spaghetti

riža

rice

salata

salad

pomfrit

chips

pečeni krompir

fried potatoes

pica

pizza

hamburger

hamburger

sendvič

sandwich

šnicla

cutlet

šunka

ham

kobasica

salami

kobasica

sausage

kokoš

chicken

pečenje

roast

riba

fish

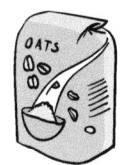

zobene pahuljice

porridge oats

muzli

muesli

kornfleks

cornflakes

brašno

flour

kroason

croissant

zemičke

bread roll

kruh

bread

tost

toast

keksi

biscuits

maslac

butter

svježi sir

curd

kolač

cake

jaje

egg

jaje na oko

fried egg

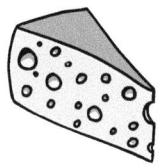

sir

cheese

jelo - food

sladoled

ice cream

šećer

sugar

med

honey

marmelada

jam

nugat krema

chocolate spread

kuri

curry

seosko imanje
farm

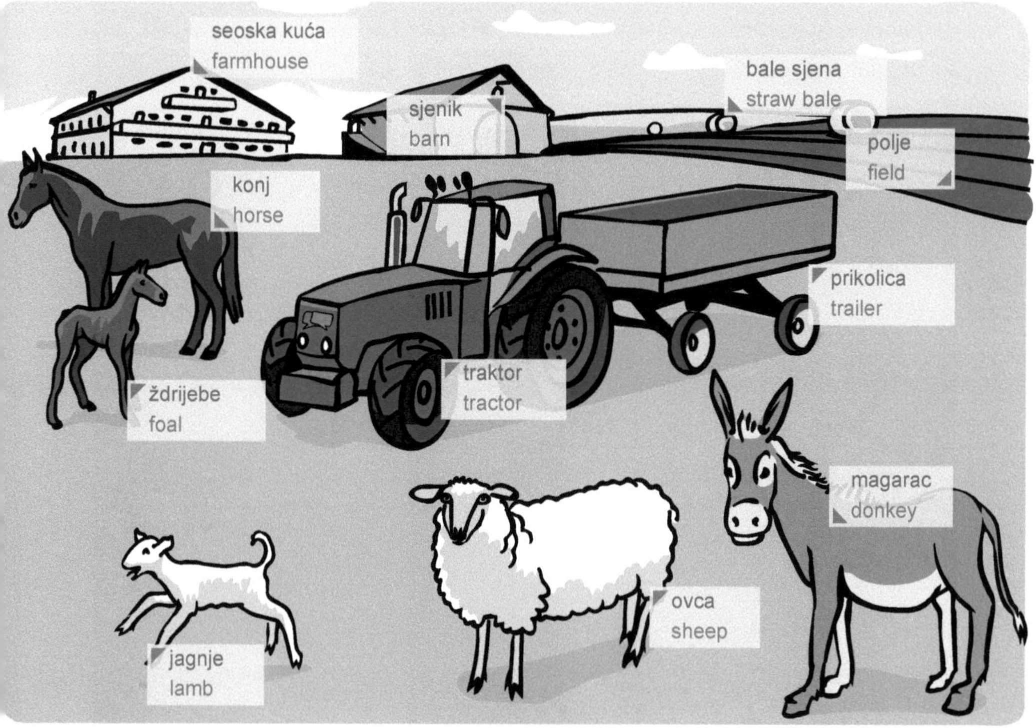
seoska kuća
farmhouse
sjenik
barn
bale sjena
straw bale
polje
field
konj
horse
prikolica
trailer
traktor
tractor
ždrijebe
foal
magarac
donkey
ovca
sheep
jagnje
lamb

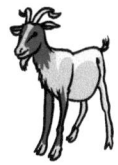

koza

goat

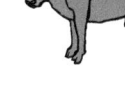

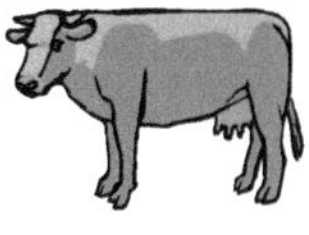

krava

cow

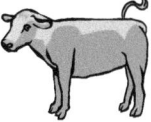

tele

calf

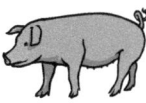

svinja

pig

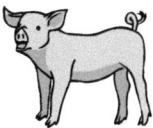

prase

piglet

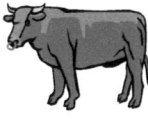

bik

bull

guska

goose

patka

duck

pile

chick

kokoška

hen

pjetao

cock

pacov

rat

mačka

cat

miš

mouse

vol

ox

pas

dog

pseća kućica

doghouse

crijevo za baštu

garden hose

kanta za zalijevanje

watering can

kosa

scythe

plug

plough

srp
sickle

motika
hoe

vile
pitchfork

sjekira
axe

tačke
wheelbarrow

korito
trough

bokal za mlijeko
milk can

vreća
sack

ograda
fence

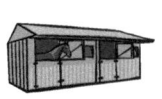

štala
stable

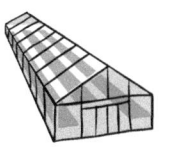

staklenik
greenhouse

tlo
soil

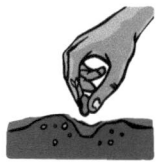

sjeme
seed

đubrivo
fertilizer

kombajn
combine harvester

kositi
....
harvest

žetva
....
harvest

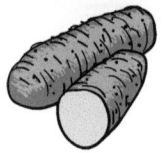

jam korijen
....
yams

pšenica
....
wheat

soja
....
soy

krompir
....
potato

kukuruz
....
corn

uljana repica
....
rapeseed

drvo voća
....
fruit tree

manioka
....
cassava

žito
....
cereals

kuća
house

dimnjak
chimney
krov
roof
oluk
drainpipe
prozor
window
garaža
garage
zvono
doorbell
vrata
door
kanta za smeće
rubbish bin
poštanski sandučić
letterbox
bašta
garden

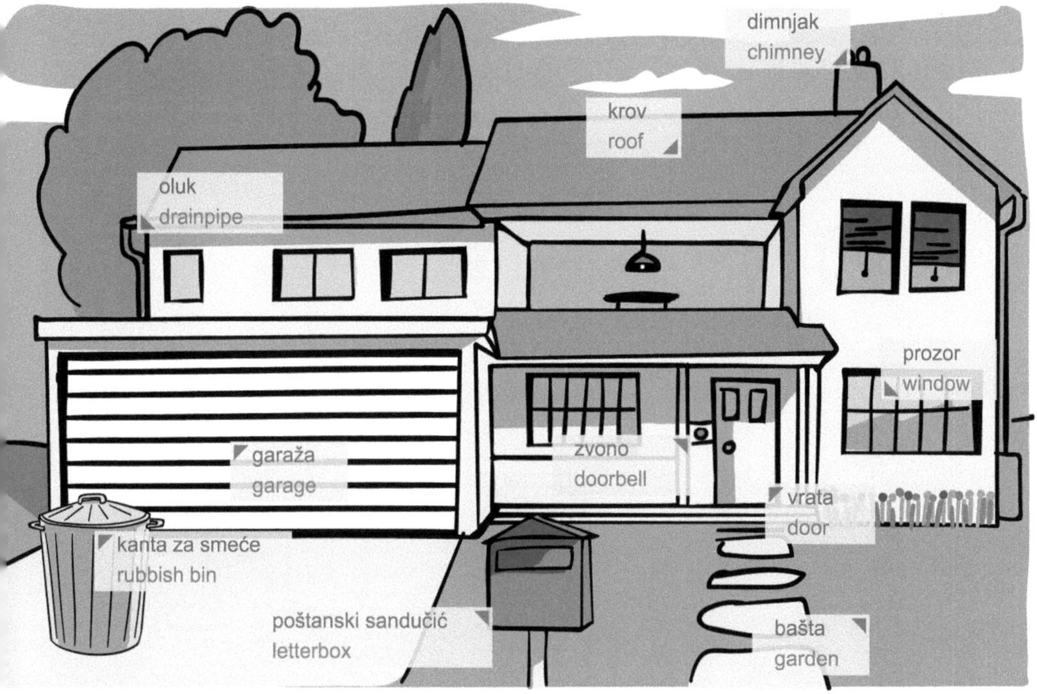

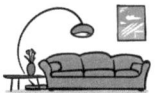

dnevni boravak

living room

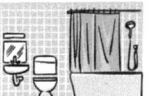

kupatilo

bathroom

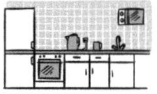

kuhinja

kitchen

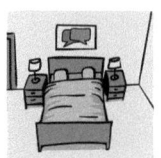

spavaća soba

bedroom

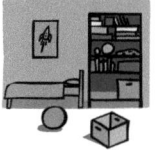

dječija soba

child's room

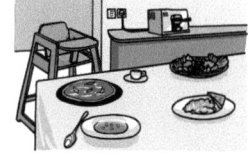

trpezarija

dining room

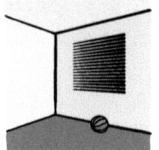

pod, tlo

floor

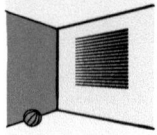

zid

wall

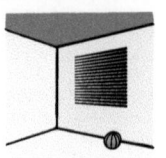

plafon

ceiling

podrum

cellar

sauna

sauna

balkon

balcony

terasa

terrace

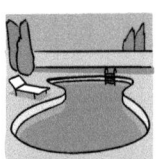

bazen

pool

kosilica

lawn mower

posteljina

sheet

pokrivač

bedspread

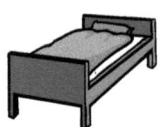

krevet

bed

metla

broom

kanta

bucket

prekidač

switch

dnevni boravak
living room

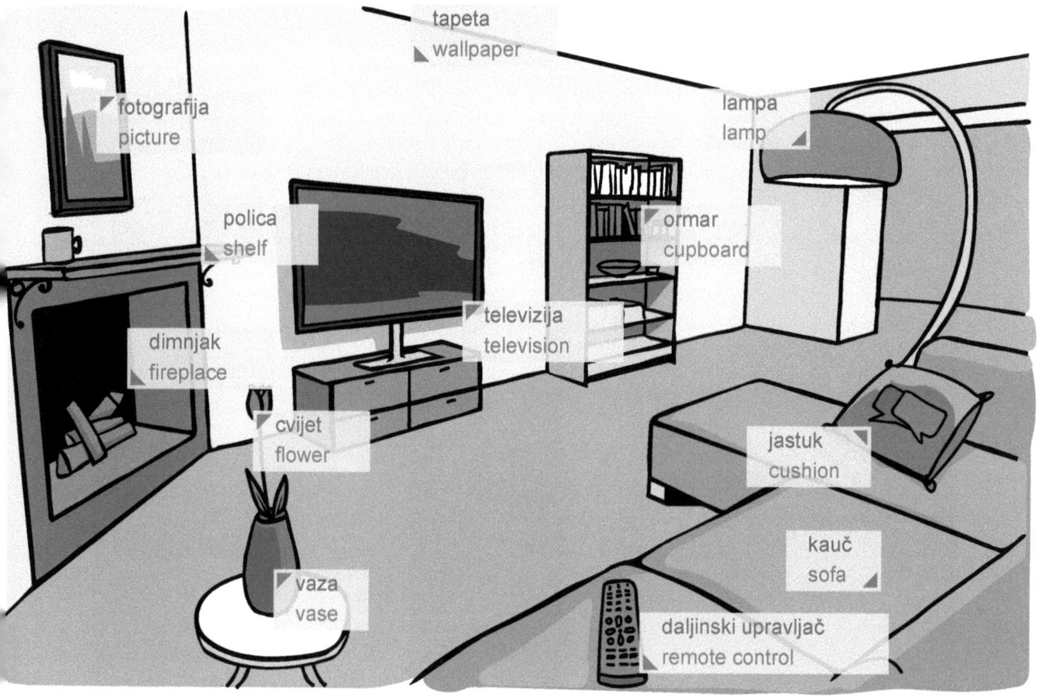

tapeta
wallpaper
fotografija
picture
lampa
lamp
polica
shelf
ormar
cupboard
televizija
television
dimnjak
fireplace
cvijet
flower
jastuk
cushion
kauč
sofa
vaza
vase
daljinski upravljač
remote control

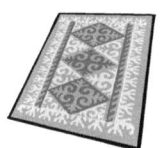

tepih

carpet

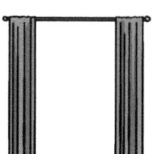

zavjesa

curtain

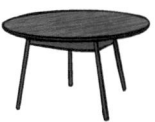

stol

table

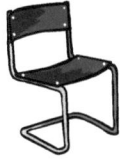

stolica

chair

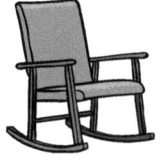

stolica za ljuljanje

rocking chair

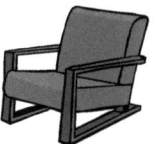

fotelja

armchair

knjiga

book

deka

blanket

dekoracija

decoration

ložno drvo

firewood

film

film

stereo uređaj

hi-fi equipment

ključ

key

novine

newspaper

umjetnička slika

painting

poster

poster

radio

radio

blok za bilješke

notepad

usisavač

hoover

kaktus

cactus

svijeća

candle

kuhinja
kitchen

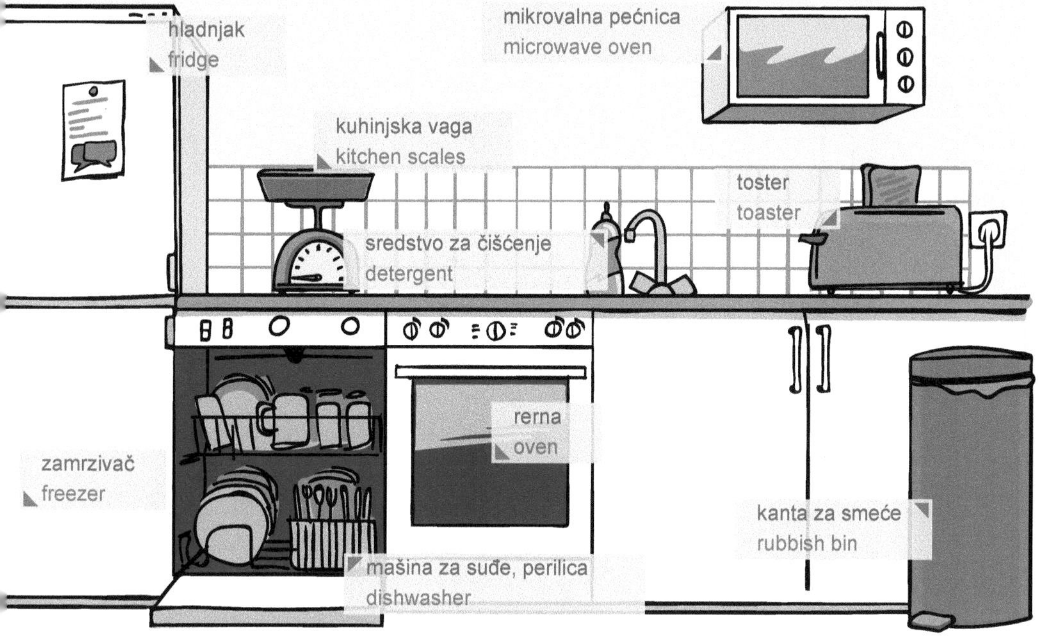

hladnjak
fridge
mikrovalna pećnica
microwave oven
kuhinjska vaga
kitchen scales
toster
toaster
sredstvo za čišćenje
detergent
rerna
oven
zamrzivač
freezer
kanta za smeće
rubbish bin
mašina za suđe, perilica
dishwasher

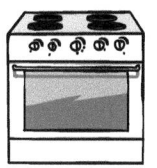

peć

cooker

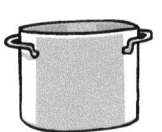

lonac

pot

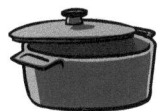

metalni lonac

cast-iron pot

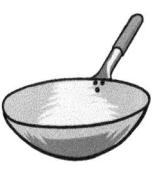

vok / kadai

wok / kadai

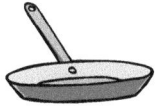

tava, tiganj

pan

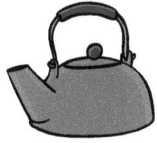

kuhalo

kettle

aparat za kuhanje na pari

steamer

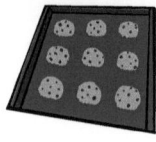

lim za pečenje

baking tray

posuđe

crockery

šalica

mug

činija

bowl

kineski štapići

chopsticks

kutlača

ladle

lopatica

spatula

metlica za snijeg bjelanjca

whisk

sito za kuhanje

strainer

sito

sieve

ribež

grater

avan s tučkom

mortar

roštilj

barbecue

ložište

open fire

daska

chopping board

oklagija

rolling pin

vadičep

corkscrew

konzerva

can

otvarač za konzerve

can opener

krpe za lonac

pot holder

sudoper

sink

četka

brush

spužva

sponge

mikser

blender

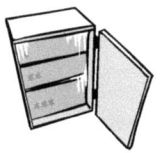

zamrzivač

deep freezer

flašica za bebu

baby bottle

slavina

tap

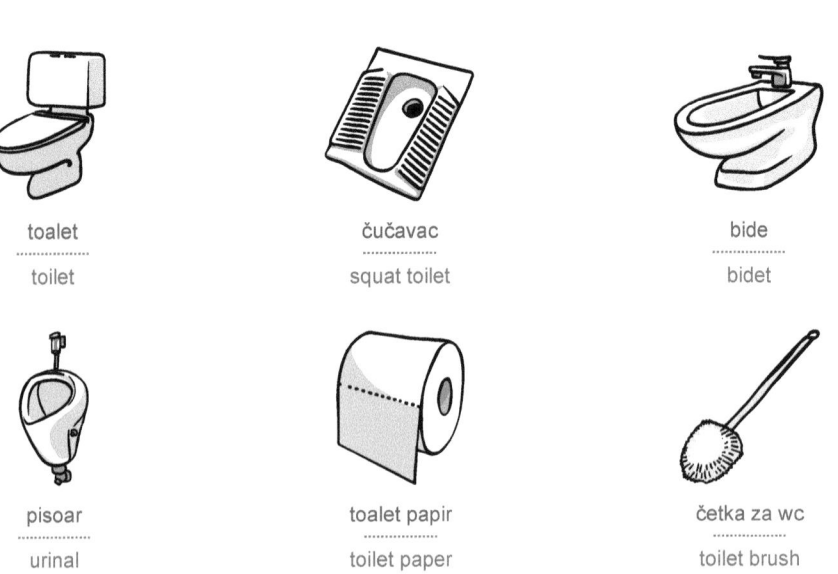

kupatilo
bathroom

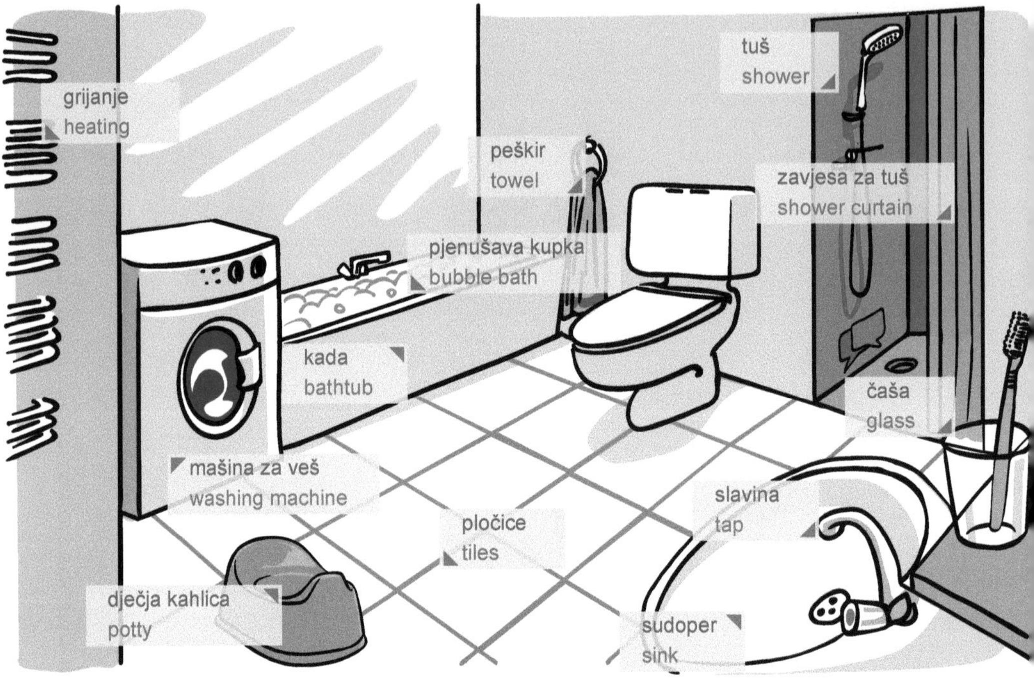

grijanje
heating
peškir
towel
tuš
shower
zavjesa za tuš
shower curtain
pjenušava kupka
bubble bath
kada
bathtub
čaša
glass
mašina za veš
washing machine
slavina
tap
pločice
tiles
dječja kahlica
potty
sudoper
sink

toalet
toilet

čučavac
squat toilet

bide
bidet

pisoar
urinal

toalet papir
toilet paper

četka za wc
toilet brush

čnetkica za zube

toothbrush

pasta za zube

toothpaste

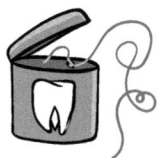

zubni konac

dental floss

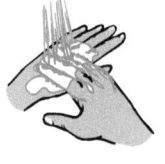

prati

wash

tuš

handheld shower

intimni tuš

douche

lavor

basin

četka za leđa

back brush

sapun

soap

gel za tuširanje

shower gel

šampon

shampoo

krpe za pranje

flannel

odvod

drain

krema

cream

dezodorans

deodorant

ogledalo

mirror

ogledalo za šminkanje

hand mirror

brijač

razor

pjena za brijanje

shaving foam

vodica poslije brijanja

aftershave

češalj

comb

četka

brush

fen

hair dryer

sprej za kosu

hairspray

puder

makeup

karmin

lipstick

lak za nokte

nail varnish

vata

cotton wool

makazice za nokte

nail scissors

parfem

perfume

kozmetička torbica

washbag

hoklica

stool

vaga

weighing scale

kupaći ogrtač

bathrobe

rukavice za čišćenje

rubber gloves

tampon

tampon

uložak za dame

sanitary towel

hemijski toalet

chemical toilet

dječija soba
child's room

budilnik
alarm clock
plišana igračka
cuddly toy
auto za igru
toy car
zvečka
rattle
kućica za lutke
doll's house
poklon
present

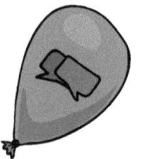

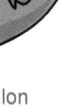

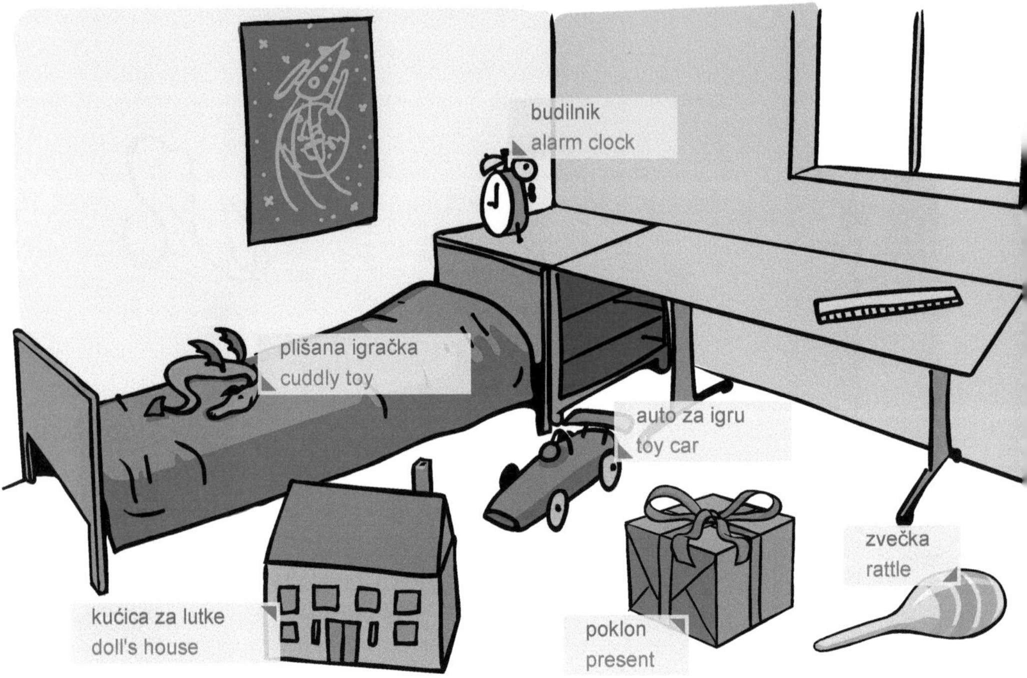

balon

balloon

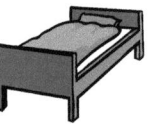

krevet

bed

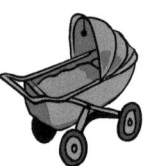

kolica za djecu

pram

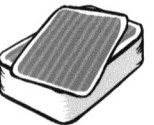

karte za igranje

deck of cards

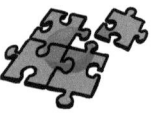

puzle

jigsaw

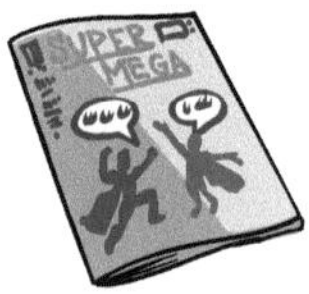

strip

comic

lego kockice

lego bricks

kockice za gradnju

building blocks

akcione figure

action figure

benkica

babygrow

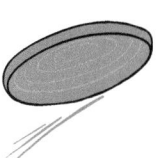

frizbi

frisbee

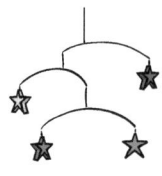

mobile

mobile

igra na ploči

board game

kocka

dice

miniatura željeznice

model train set

cucla

dummy

zabava

party

slikovnica

picture book

lopta

ball

lutka

doll

igrati

play

pješćanik
....
sandpit

ljuljačka
....
swing

igračke
....
toys

konzola za igru
....
video game console

triciklo
....
tricycle

medvjedić
....
teddy bear

ormar
....
wardrobe

odjeća
clothing

kratke čarape
....
socks

čarape
....
stockings

hulahopke
....
tights

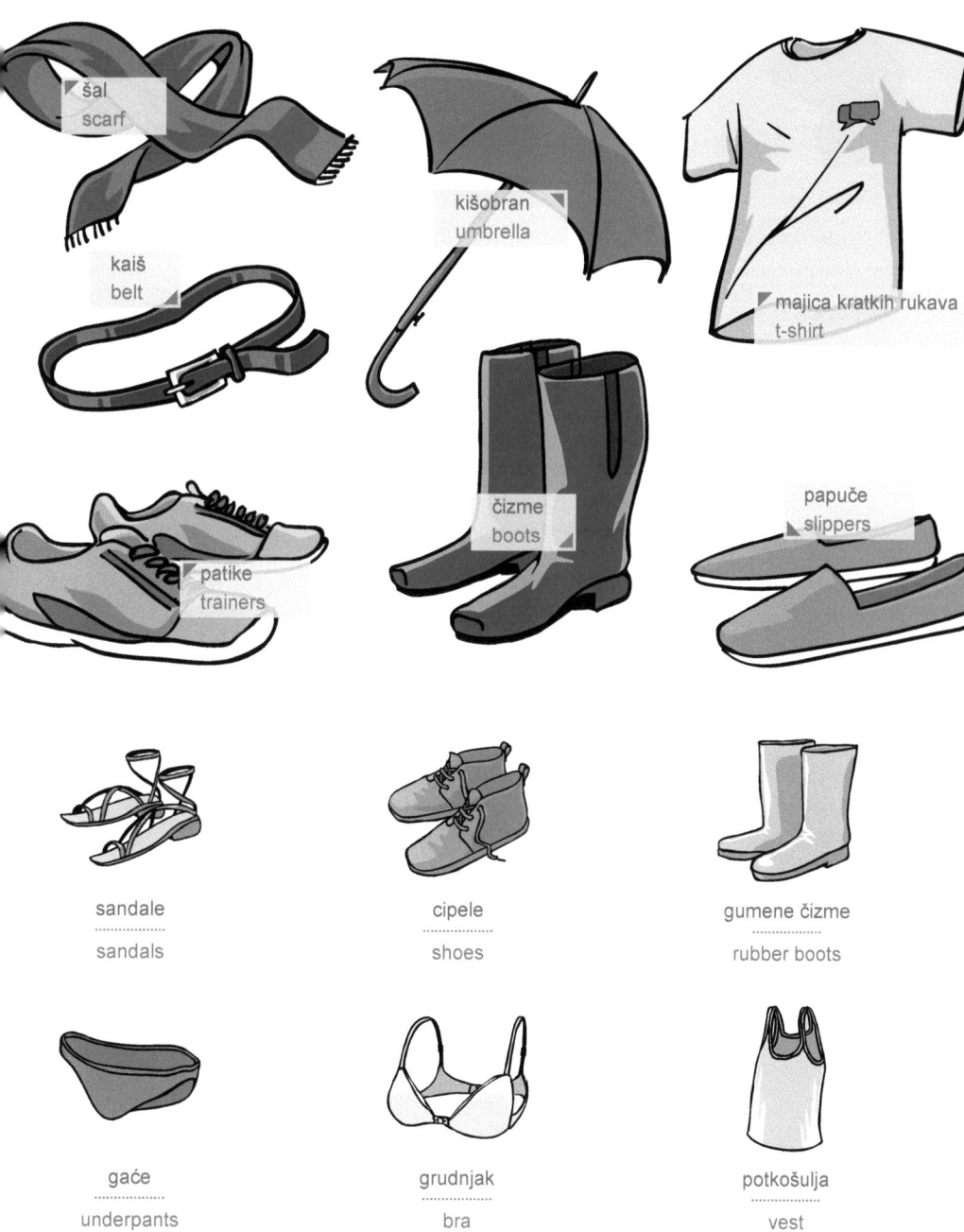

šal
scarf

kišobran
umbrella

majica kratkih rukava
t-shirt

kaiš
belt

patike
trainers

čizme
boots

papuče
slippers

sandale
sandals

cipele
shoes

gumene čizme
rubber boots

gaće
underpants

grudnjak
bra

potkošulja
vest

bodi

body

hlače

trousers

farmerke

jeans

suknja

skirt

bluza

blouse

košulja

shirt

džemper

pullover

majica

hoodie

sako

blazer

jakna

jacket

mantil

coat

kišni mantil

raincoat

kostim

costume

haljina

dress

vjenčanica

wedding dress

odjeća - clothing

odijelo

suit

spavaćica

nightgown

pidžama

pyjamas

sari

sari

marama

headscarf

turban

turban

burka

burqa

kaftan

kaftan

abaja

abaya

kupaći kostim

swimsuit

kupaće gaće

trunks

kratke hlače

shorts

trenerka

tracksuit

pregača

apron

rukavice

gloves

dugme

button

naočare

glasses

narukvica

bracelet

ogrlica

necklace

prsten

ring

naušnica

earring

kapa

cap

vješalica

coat hanger

šešir

hat

kravata

tie

patentni zatvarač

zip

kaciga

helmet

tregeri za hlače

braces

školska uniforma

school uniform

uniforma

uniform

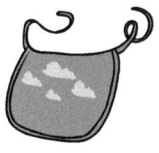

podbradak

bib

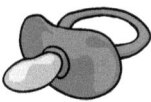

cucla

dummy

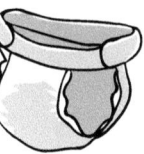

pelene

nappy

ured
office

server
server
ormar za kartoteku
filing cabinet
papir
paper
štampač
printer
monitor
monitor
miš
mouse
pisaći sto
desk
registrator
folder
tastatura
keyboard
korpa za papir
waste-paper basket
kompjuter
computer
stolica
chair

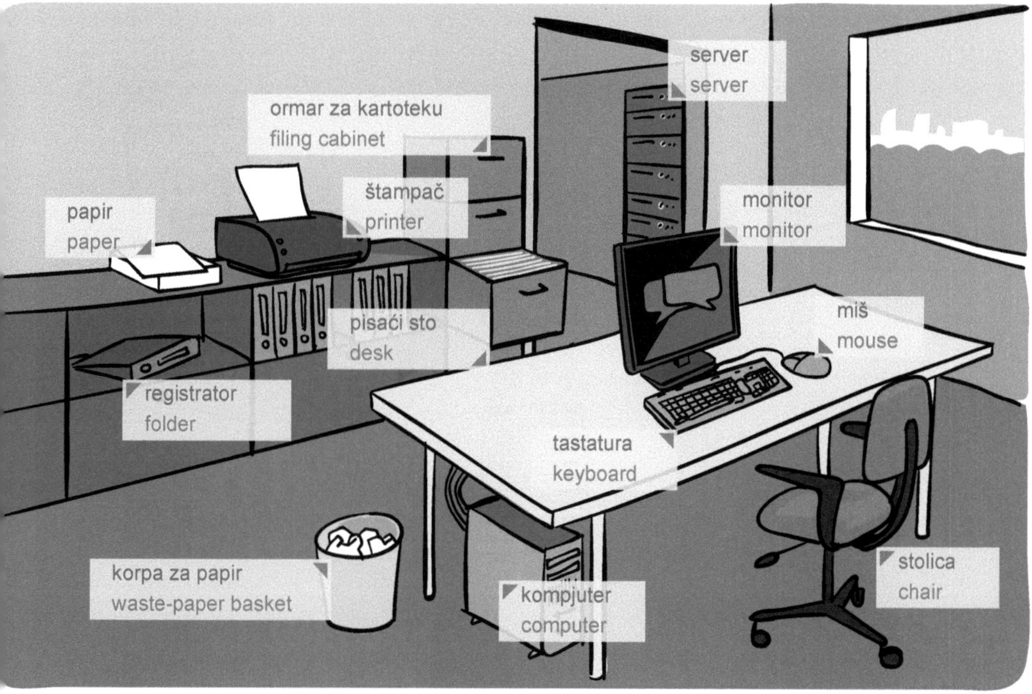

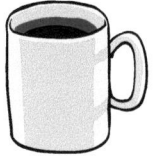

šolja za kafu

coffee mug

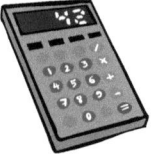

kalkulator

calculator

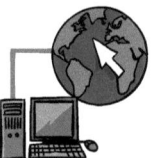

internet

internet

laptop
laptop

pismo
letter

poruka
message

mobilni telefon
mobile

mreža
network

aparat za kopiranje
photocopier

softver
software

telefon
telephone

utičnica
plug socket

faks
fax machine

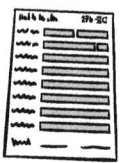

formular
form

dokument
document

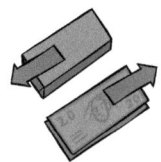

kupovati

buy

platiti

pay

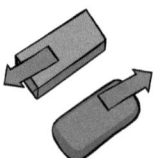

trgovati

trade

novac

money

dolar

dollar

euro

euro

jen

yen

rublja

rouble

franak

Swiss franc

renminbi jen

renminbi yuan

rupi

rupee

bankomat

cashpoint

mjenjačnica

bureau de change

zlato

gold

srebro

silver

nafta

oil

energija

energy

cijena

price

ugovor

contract

porez

tax

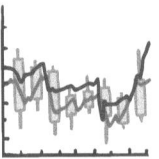

akcija

stock

raditi

work

službenik

employee

poslodavac

employer

fabrika

factory

radnja

shop

policajac
police officer

vatrogasac
fireman

kuhar
cook

ljekar
doctor

pilot
pilot

baštovan	stolar	krojačica
gardener	carpenter	seamstress

sudija	hemičar	glumac
judge	chemist	actor

vozač autobusa

bus driver

vozač taksija

taxi driver

ribar

fisherman

čistačica

cleaning lady

krovopokrivač

roofer

konobar

waiter

lovac

hunter

moler

painter

pekar

baker

električar

electrician

građevinski radnik

builder

inženjer

engineer

koljač

butcher

limar, vodoinstalater

plumber

poštar

postman

vojnik

soldier

arhitekta

architect

blagajnik

cashier

cvjećar

florist

frizer

hairdresser

kontrolor

conductor

mehaničar

mechanic

kapiten

captain

zubar

dentist

naučnik

scientist

rabin

rabbi

imam

imam

monah

monk

sveštenik

clergyman

alat
tools

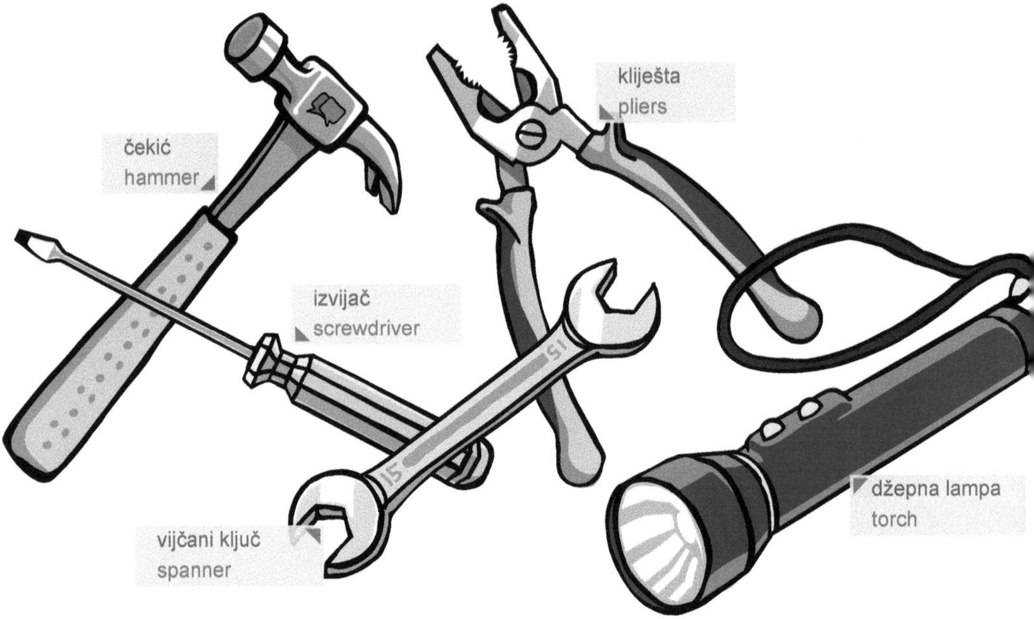
čekić
hammer
kliješta
pliers
izvijač
screwdriver
vijčani ključ
spanner
džepna lampa
torch

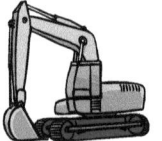

bager

digger

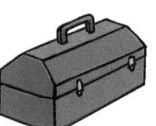

kutija sa alatom

toolbox

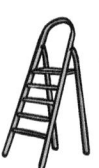

ljestve

ladder

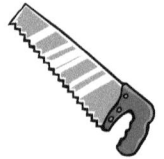

testera, pila

saw

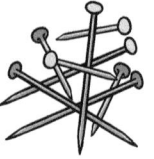

ekser

nails

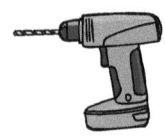

bušilica

drill

popraviti
repair

lopata
shovel

sranje!
Damn!

lopatica
dustpan

kanta boje
paint pot

vijak
screws

muzički instrumenti
musical instruments

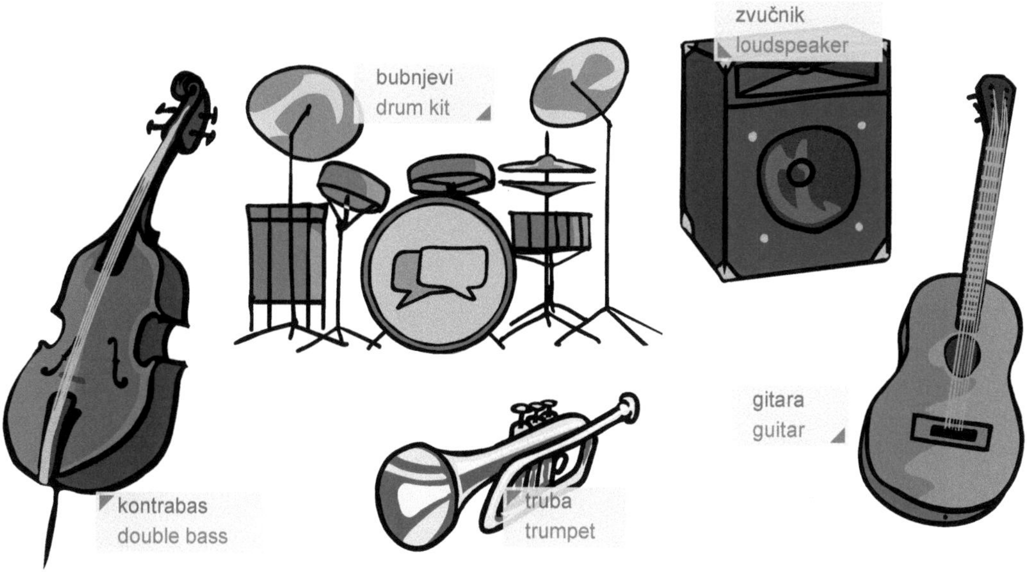

zvučnik
loudspeaker

bubnjevi
drum kit

gitara
guitar

kontrabas
double bass

truba
trumpet

klavir

piano

violina

violin

bas

bass

bubanj timpani

timpani

bubanj

drums

sintisajzer

keyboard

saksofon

saxophone

flauta

flute

mikrofon

microphone

zološki vrt

zoo

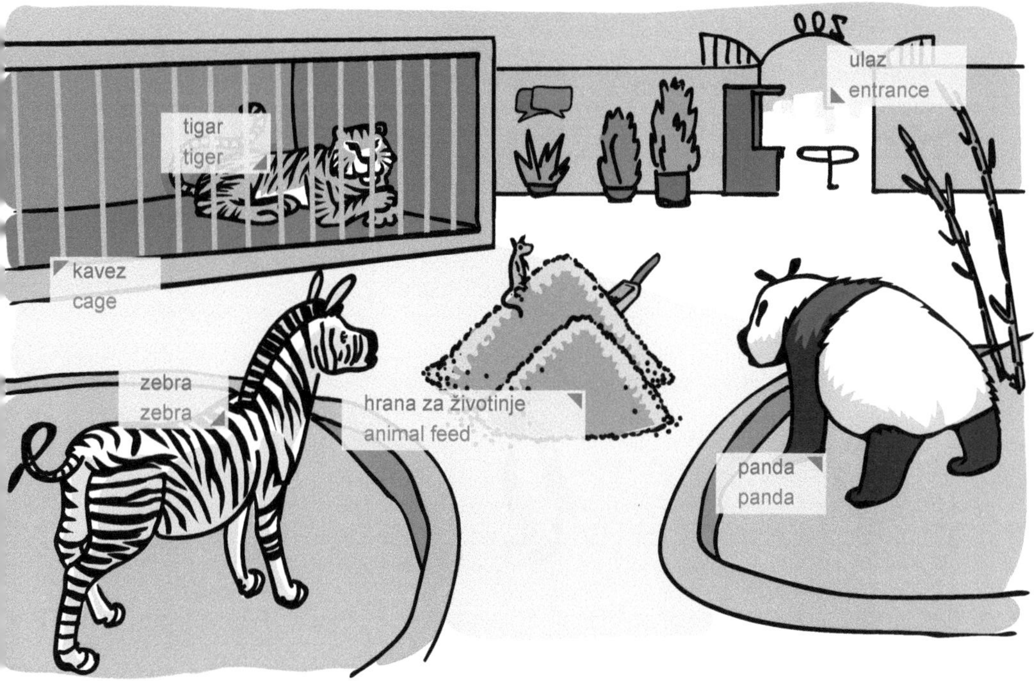

tigar
tiger
ulaz
entrance
kavez
cage
zebra
zebra
hrana za životinje
animal feed
panda
panda

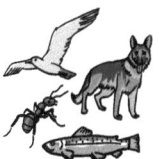

životinje

animals

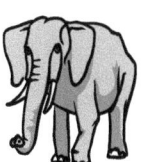

slon

elephant

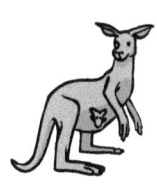

kengur

kangaroo

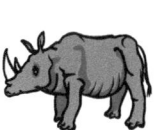

nosorog

rhino

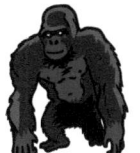

gorila

gorilla

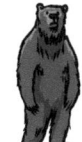

medvjed

bear

kamila

camel

noj

ostrich

lav

lion

majmun

monkey

flamingo

flamingo

papagaj

parrot

polarni medvjed

polar bear

pingvin

penguin

morski pas

shark

paun

peacock

zmija

snake

krokodil

crocodile

čuvar u zološkom vrtu

zookeeper

tuljan

seal

jaguar

jaguar

poni
pony

leopard
leopard

nilski konj
hippo

žirafa
giraffe

orao
eagle

divlja svinja
boar

riba
fish

kornjača
turtle

morž
walrus

lisica
fox

gazela
gazelle

americki fudbal
American football

vožnja bicikla
cycling

tenis
tennis

košarka
basketball

plivanje
swimming

boks
boxing

hokej na ledu
ice hockey

fudbal
football

bedminton
badminton

laka atletika
athletics

rukomet
handball

skijanje
skiing

polo
polo

skakati
jump

smijati se
laugh

zagrliti
hug

ići
walk

pjevati
sing

sanjati
dream

moliti
pray

ljubiti
kiss

pisati	crtati	pokazati
write	draw	show

gurati	dati	uzeti
push	give	take

imati
have

raditi
do

biti
be

stajati
stand

trčati
run

vući
pull

baciti
throw

pasti
fall

ležati
lie

čekati
wait

nositi
carry

sjediti
sit

obući
get dressed

spavati
sleep

probuditi
wake up

pogledati

look at

plakati

cry

milovati

stroke

češljati

comb

govoriti

talk

razumjeti

understand

pitati

ask

slušati

listen

piti

drink

jesti

eat

pospremiti

tidy up

voljeti

love

kuhati

cook

voziti

drive

letjeti

fly

aktivnosti - activities

jedriti

sail

računati

calculate

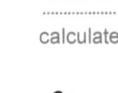

čitati

read

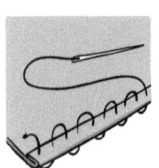

učiti

learn

raditi

work

vjenčavti

marry

šiti

sew

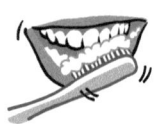

prati zube

brush teeth

ubiti

kill

pušiti

smoke

slati

send

aktivnosti - activities

baka
grandmother

beba
baby

majka
mother

djed
grandfather

otac
father

kćerka
daughter

sin
son

gost

guest

ujna, tetka, strina

aunt

ujak, tetak, stric

uncle

brat

brother

sestra

sister

tijelo

body

čelo
forehead
oko
eye
leđa
shoulder
prst
finger
lice
face
brada
chin
ruka, šaka
hand
noga
leg
grudi
breast
ruka
arm

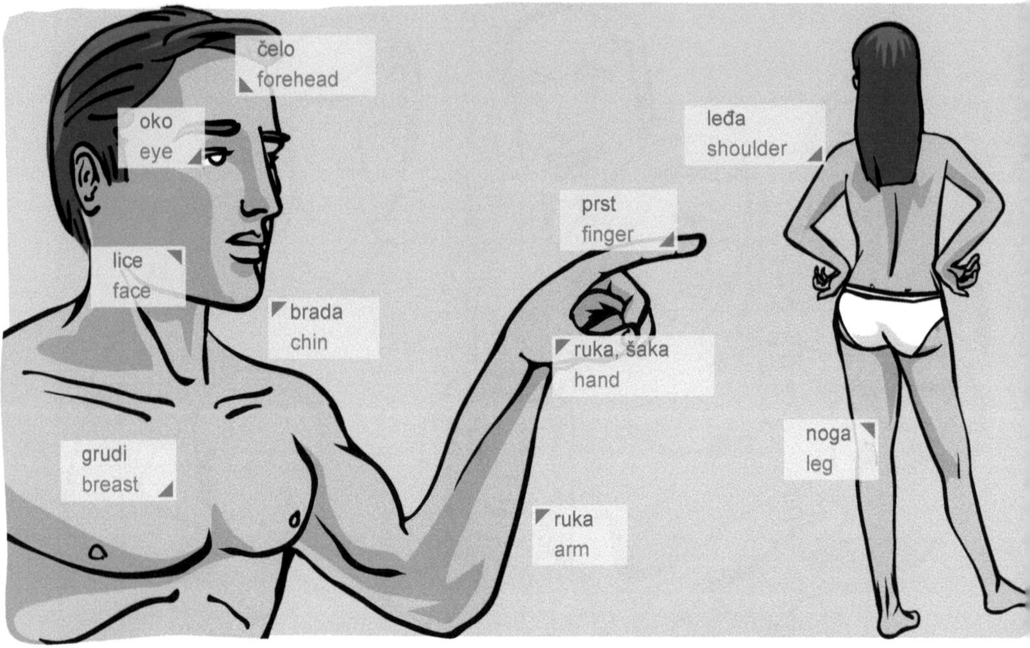

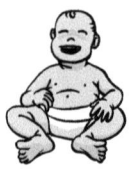

beba
baby

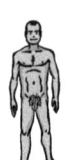

muškarac
man

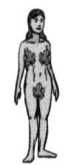

žena
woman

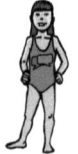

djevojčica
girl

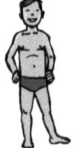

dječak
boy

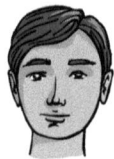

glava
head

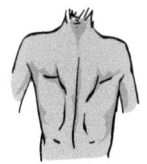

leđa

back

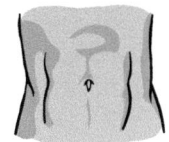

stomak

belly

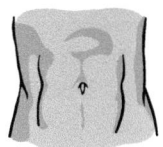

pupak

belly button

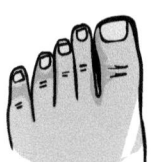

nožni prst

toe

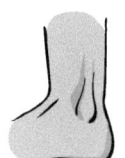

peta

heel

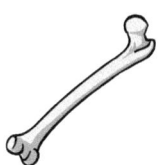

kosti

bone

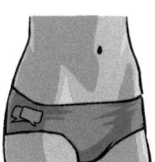

kuk

hip

koljeno

knee

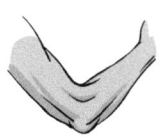

lakat

elbow

nos

nose

stražnjica

bottom

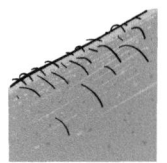

koža

skin

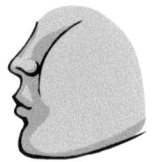

obraz

cheek

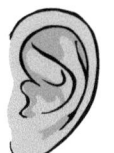

uho

ear

usna

lip

usta

mouth

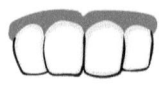

zub

tooth

jezik

tongue

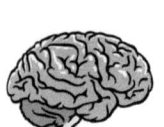

mozak

brain

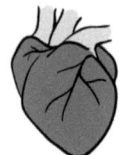

srce

heart

mišić

muscle

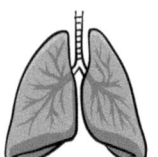

pluća

lung

jetra

liver

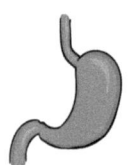

želudac

stomach

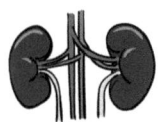

bubreg

kidneys

spolni odnos

sex

kondom

condom

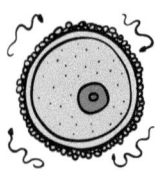

jajna ćelija

ovum

sperma

semen

trudnoća

pregnancy

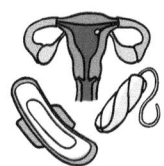

menstruacija

menstruation

vagina

vagina

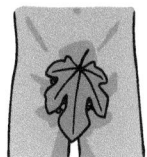

penis

penis

obrva

eyebrow

kosa

hair

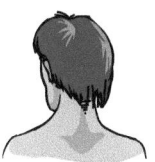

vrat

neck

bolnica
hospital

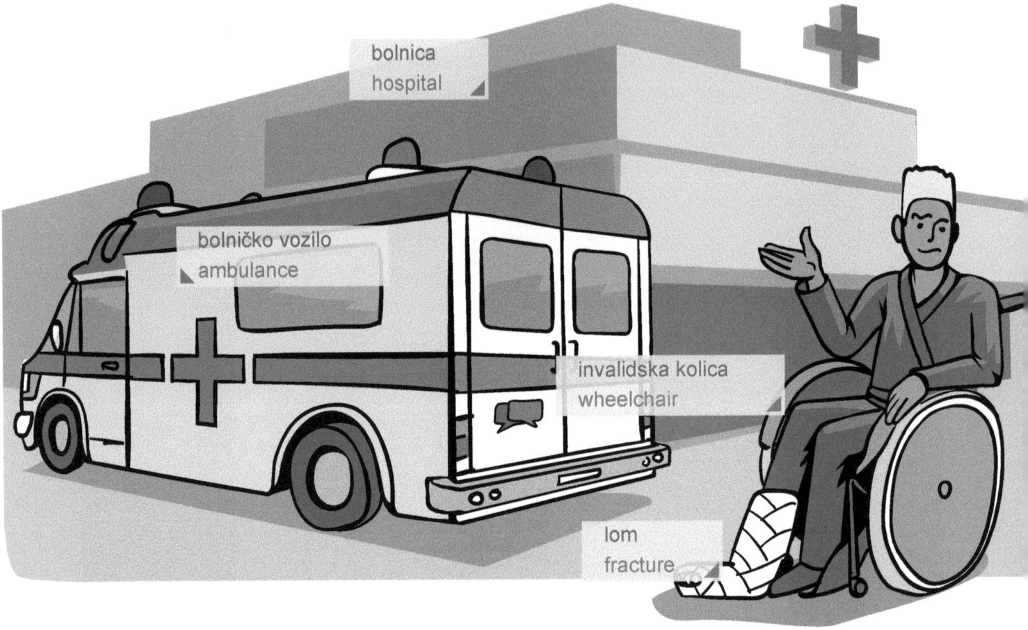

bolnica
hospital
bolničko vozilo
ambulance
invalidska kolica
wheelchair
lom
fracture

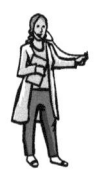

ljekar

doctor

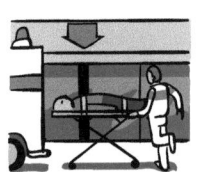

hitna služba

emergency room

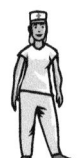

medicinska sestra

nurse

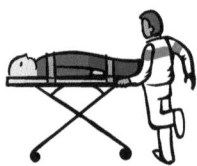

hitna pomoć

emergency

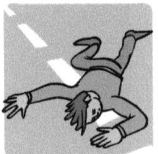

nesvjest

unconscious

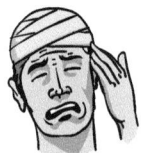

bol

pain

povreda

injury

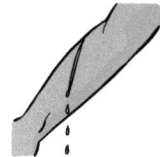

krvarenje

bleeding

srčani udar, infarkt

heart attack

moždani udar

stroke

alergija

allergy

kašalj

cough

groznica

fever

gripa

flu

proljev

diarrhoea

glavobolja

headache

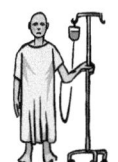

rak

cancer

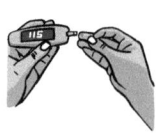

dijabetes

diabetes

hirurg

surgeon

skalpel

scalpel

operacija

operation

CT

CT

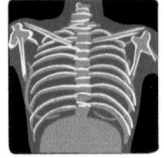

rendgen

x-ray

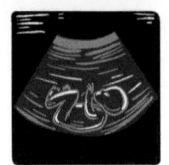

ultrazvuk

ultrasound

maska

face mask

bolest

disease

čekaonica

waiting room

štake

crutch

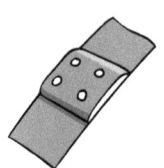

flaster

plaster

zavoj

bandage

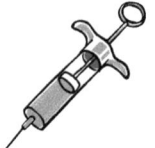

injekcija

injection

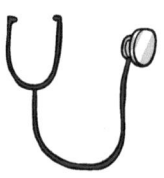

stetoskop

stethoscope

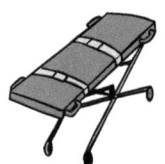

nosilo

stretcher

termometar

clinical thermometer

porod

birth

prekomjerna težina, debljina

overweight

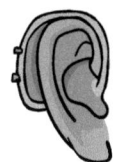

slušni aparat

hearing aid

sredstvo za dezinfekciju

disinfectant

infekcija

infection

virus

virus

HIV/ AIDS

HIV / AIDS

medicina

medicine

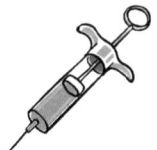

vakcinacija

vaccination

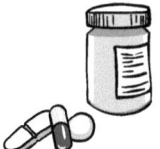

tablete

tablets

pilula

pill

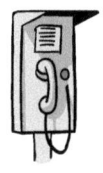

hitni poziv

emergency call

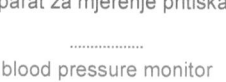

aparat za mjerenje pritiska

blood pressure monitor

bolestan / zdrav

ill / healthy

Upomoć!

Help!

alarm

alarm

napad, prepad

assault

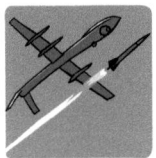

napad

attack

opasnost

danger

izlaz u slučaju opasnosti

emergency exit

Požar!

Fire!

vatrogasni aparat

fire extinguisher

nezgoda

accident

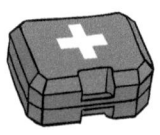

torba prve pomoći

first-aid kit

SOS

SOS

policija

police

Europa

Europe

Sjeverna Amerika

North America

Južna Amerika

South America

Afrika

Africa

Azija

Asia

Australija

Australia

Atlantik

Atlantic

Pacifik

Pacific

Indijski okean

Indian Ocean

Antarktički okean

Antarctic Ocean

Arktički okean

Arctic Ocean

Sjeverni pol

North Pole

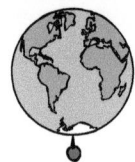

Južni pol
....
South Pole

Antarktik
....
Antarctica

Zemlja
....
Earth

zemlja
....
land

more
....
sea

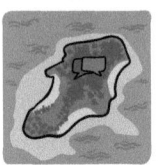

ostrvo
....
island

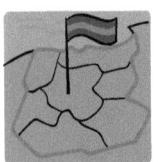

nacija
....
nation

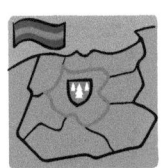

država
....
state

brojčanik sata

clock face

kazaljka sata

hour hand

kazaljka minute

minute hand

kazaljka sekunde

second hand

Koliko je sati?

What time is it?

dan

day

vrijeme

time

sada

now

digitalni sat

digital watch

minuta

minute

sat

hour

ponedjeljak
Monday

srijeda
Wednesday

petak
Friday

utorak
Tuesday

subota
Saturday

četvrtak
Thursday

nedjelja
Sunday

juče

yesterday

danas

today

sutra

tomorrow

jutro

morning

podne

noon

veče

evening

radni dani

business days

vikend

weekend

godina

year

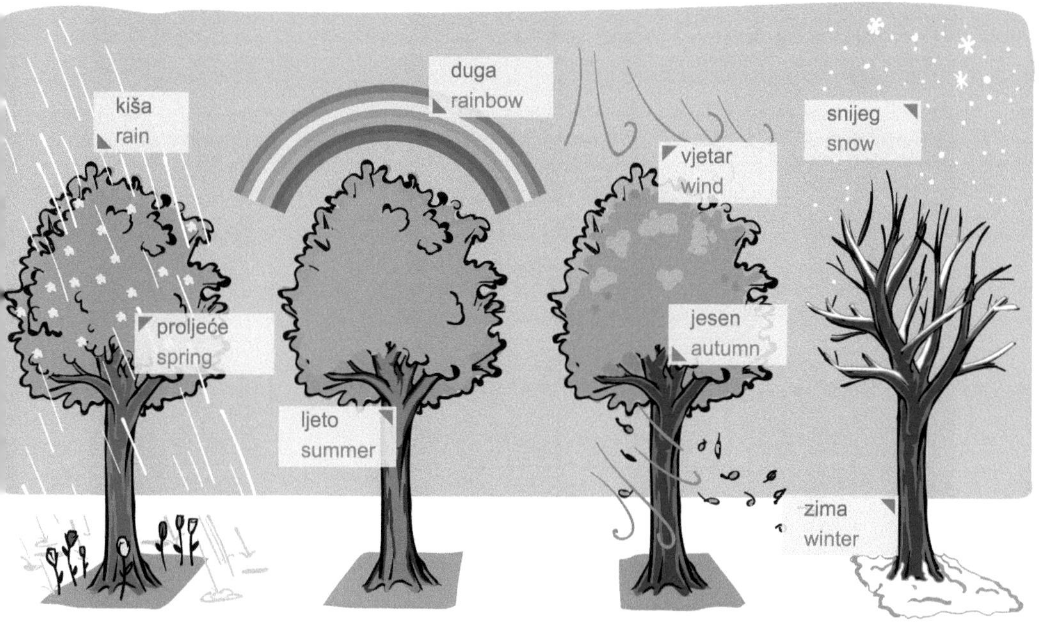

kiša
rain
duga
rainbow
vjetar
wind
snijeg
snow
proljeće
spring
jesen
autumn
ljeto
summer
zima
winter

4.APRIL 11°
5.APRIL 4°
6.APRIL 13°
7.APRIL 8°
8.APRIL 10°

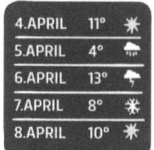

prognoza vremena

weather forecast

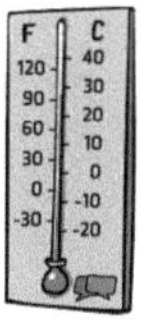

F C
120 40
90 30
60 20
30 10
0 0
-30 -10
-20

termometar

thermometer

sunčev sjaj

sunshine

oblak

cloud

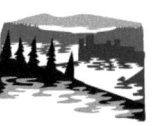

magla

fog

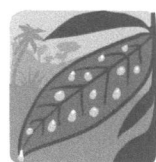

vlažnost vazduha

humidity

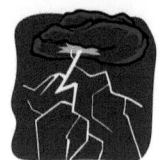

munja

lightning

grom

thunder

oluja

storm

tuča, led

hail

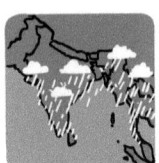

monsun

monsoon

poplava

flood

led

ice

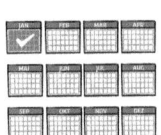

januar

January

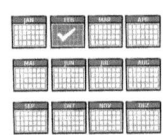

februar

February

mart

March

april

April

maj

May

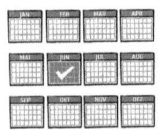

juni

June

juli

July

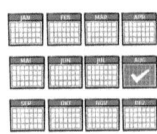

avgust

August

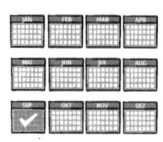

septembar
....
September

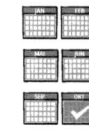

oktobar
....
October

novembar
....
November

decembar
....
December

krug
....
circle

kvadrat
....
square

pravougao
....
rectangle

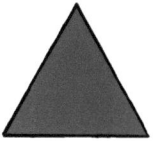

trougao
....
triangle

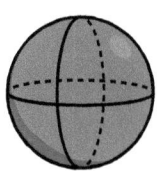

kugla
....
sphere

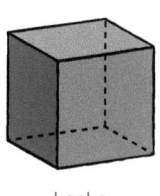

kocka
....
cube

boje
colours

bjel

white

žut

yellow

narandžast

orange

pink

pink

crven

red

ljubičast

purple

plav

blue

zelen

green

smeđ

brown

siv

grey

crn

black

malo / mnogo

a lot / a little

ljutit / miran

angry / calm

lijep / ružan

beautiful / ugly

početak / kraj

beginning / end

veliki / mali

big / small

svijetlo / tamno

bright / dark

brat / sestra

brother / sister

čist / prljav

clean / dirty

potpun / nepotpun

complete / incomplete

dan / noć

day / night

mrtav / živ

dead / alive

široko / usko

wide / narrow

ukusno / neukusno
edible / inedible

zao / prijatan
evil / kind

uzbuđen / dosadan
excited / bored

debeo / mršav
fat / thin

najprije / najkasnije
first / last

prijatelj / neprijatelj
friend / enemy

pun / prazan
full / empty

trvd / mekan
hard / soft

težak / lagan
heavy / light

glad / žeđ
hunger / thirst

bolestan / zdrav
ill / healthy

ilegalan / legalan
illegal / legal

inteligentan / glup
intelligent / stupid

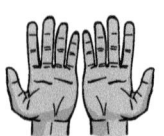

lijevo / desno
left / right

blizu / daleko
near / far

suprotnosti - opposites

nov / polovan

new / used

ništa / nešto

nothing / something

star / mlad

old / young

uključeno / isključeno

on / off

otvoreno / zatvoreno

open / closed

tiho / glasno

quiet / loud

bogat / siromašan

rich / poor

tačno / pogrešno

right / wrong

hrapav / glatak

rough / smooth

tužan / srećan

sad / happy

kratak / dug

short / long

spor / brz

slow / fast

mokro / suho

wet / dry

toplo / hladno

warm / cool

rat / mir

war / peace

brojevi

numbers

0

nula

zero

1

jedan

one

2

dva

two

3

tri

three

4

četiri

four

5

pet

five

6

šest

six

7

sedam

seven

8

osam

eight

9

devet

nine

10

deset

ten

11

jedanaest

eleven

12

dvanaest

twelve

13

trinaest

thirteen

14

četrnaest

fourteen

15

petnaest

fifteen

16

šesnaest

sixteen

17

sedamnaest

seventeen

18

osamnaest

eighteen

19

devetnaest

nineteen

20

dvadeset

twenty

100

sto

hundred

1.000

hiljada

thousand

1.000.000

milion

million

engleski

English

američki engleski

American English

kinesko mandarinski

Chinese Mandarin

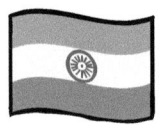

hindi

Hindi

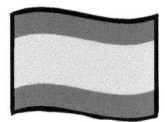

španski

Spanish

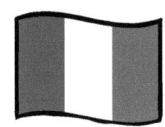

francuski

French

arapski

Arabic

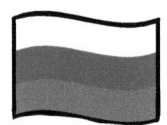

ruski

Russian

portugalski

Portuguese

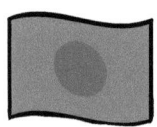

bengalski

Bengali

njemački

German

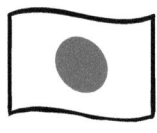

japanski

Japanese

ja

I

ti

you

on / ona / ono

he / she / it

mi

we

vi

you

oni

they

ko?

who?

šta?

what?

kako?

how?

gdje?

where?

kada?

when?

ime

name

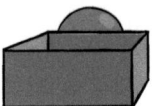

iza
behind

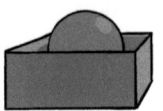

u
in

pred
in front of

iznad
over

na
on

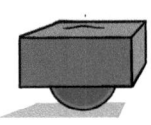

ispod
under

pored
beside

između
between

mjesto
place